小荧星艺术学校通用教程

播音与主持中级教程

沈 莹 主编

图书在版编目（CIP）数据

播音与主持中级教程 / 沈莹主编． —上海：上海科学技术文献出版社，2017（2020.11重印）
小荧星艺术学校通用教程
ISBN 978-7-5439-7309-1

Ⅰ.①播⋯　Ⅱ.①沈⋯　Ⅲ.①播音—语言艺术—艺术学校—教材②主持人—语言艺术—艺术学校—教材　Ⅳ.① G222.2

中国版本图书馆 CIP 数据核字（2017）第 014198 号

责任编辑：梅雪林　李　峰　金聪颖　杨凯茹
封面设计：李　峰　余大昌
内文插图：姚　洁

丛书名：小荧星艺术学校通用教程
书　　名：播音与主持中级教程
沈　莹　主编
出版发行：上海科学技术文献出版社
地　　址：上海市长乐路 746 号
邮政编码：200040
经　　销：全国新华书店
印　　刷：常熟市华顺印刷有限公司
开　　本：787×1092　1/12
印　　张：7
版　　次：2017 年 1 月第 1 版　2020 年 11 月第 4 次印刷
书　　号：ISBN 978-7-5439-7309-1
定　　价：48.00 元
http://www.sstlp.com

序

　　从 1974 年成立兴趣小组，1985 年"小荧星"品牌创立，实际上，小荧星致力于少儿艺术教育已有四十多年，褪去青涩，陪伴一代又一代的上海小囡成长。蓦然回首，这个艺术的摇篮，已经培育出一批又一批的青年才俊，他们活跃在世界各地的各行各业。

　　把孩子培养成富有艺术修养、充满创造活力的时代人才，是小荧星一贯秉承的教育宗旨。"小荧星"品牌创立以来三十余载的辛勤耕耘，老师们认识到，只有让孩子们在学习艺术的过程中真正体验快乐，才能收获自信，从而激发他们的内在潜质。艺术的人生才是完整的人生，从小学会体验艺术，学会发现美，才会丰富人的心灵，从而提升一个人的修养。艺术教育的最终目的不是为了培养多少艺术从业人员，而是提高人的素养。要做到这点，少儿艺术教育必须根据少年儿童的心理与生理特点，并且将系统的、规范的教学理念，通过循序渐进的方法来指导他们的艺术活动，这样才能将少儿趣味与艺术表现融为一体，使理论与实践一致、目标与成果统一。

正是这个愿望，小荧星团队的全体优秀教师、凝聚全社会艺术精英的小荧星艺委会全体成员，根据多年的教学积累，提炼、汇集教学中最为经典、最具训练价值的内容，编写了这套适用于少年儿童艺术基础训练和各种演出需要的读物，即"小荧星艺术学校通用教程"。这套教程集"歌、舞、演"三大类，其中包括了拉丁舞、芭蕾舞、民族舞、歌舞、主持、合唱、影视共七个不同的专业。同时，为方便大家更直观地学习和欣赏，教程中加入了二维码扫描功能，并设置了互动环节，以帮助家长与孩子之间的互动，将学习、游戏、教育融为一体。

艺术教育是点亮孩子们心智的火焰。希望这套教程犹如浩瀚夜空中萤火虫的闪闪光亮，照亮孩子们的艺术之路，陪伴着孩子们快乐成长。

徐浩

2016 年 6 月

编辑委员会

主　　编：沈　莹

统　　筹：王勤东　杨方禹

执行主编：孟祥麟　易爱博

编　　委：（按姓氏笔画排名）

　　　　　王　鹏　水　芳　叶　姬　史思静　邹树金　张家雄

　　　　　张　楠　陶渊超　曹烨菁　崔　颐　蔡来艺　魏　蕾

指　　导：（按姓氏笔画排名）

　　　　　万纪敏　王珊珊　孙　庹　杨　进　邹　晟　汪　岩

　　　　　沈邦平　张大维　张　凤　张伟民　张薇倩　陈建民

　　　　　范　莉　范笑旻　季彦栋　周　颖　郭　昕　黄　婧

　　　　　曹燕芸　戚超平　谢　菲

本册撰稿：张家雄

美　　术：余大昌

目录

1　编者的话

第一单元

7　练一练　《满天星》
8　玩一玩　《鸡同鸭讲》
9　念一念　《胜利的影子》
10　跳一跳　《加油》
11　试一试　《荧星气象站》

第二单元

15　练一练　《十道黑》
16　玩一玩　《水果的自我介绍》
17　念一念　《宽容》
18　跳一跳　《快乐成长》
19　试一试　《荧星娱乐播报》

第三单元

23　练一练　《踢球》
24　玩一玩　《拷贝不走样》
25　念一念　《困难》
26　跳一跳　《滑步训练》
27　试一试　《校园新闻站》

第四单元

31　练一练　《报菜名》
32　玩一玩　《动物的自我介绍》
33　念一念　《微笑》
34　跳一跳　《I Want You Back》
35　试一试　《荧星直播间》

扫一扫本书中的二维码可查看对应的音频、视频内容。

第五单元

- 39　练一练　《声调训练绕口令》
- 41　玩一玩　《自说自画》
- 42　念一念　《如果》
- 43　跳一跳　《Lemon Tree》
- 44　试一试　《荧星旅行者》

第六单元

- 49　练一练　《变调口诀》
- 50　玩一玩　《找找不同处》
- 51　念一念　《假如生活欺骗了你》
- 52　跳一跳　《机器娃娃》
- 53　试一试　《荧星美食坊》

第七单元

- 57　练一练　《"啊"的音变》
- 58　玩一玩　《谁是卧底》
- 59　念一念　《燕子》
- 60　跳一跳　《流行舞蹈》
- 61　试一试　《荧星读书汇》

第八单元

- 65　练一练　《调值练习》
- 65　玩一玩　《家具的自我介绍》
- 66　念一念　《小花》
- 67　跳一跳　《流行舞蹈》
- 68　试一试　《荧星梦工厂》

- 70　后记
- 71　星星墙

编者的话

当你打开电视机，看到新闻、娱乐、体育等各个节目主持人的出现，你会非常羡慕他们的风采；当你打开收音机，听到谈话节目的主持人侃侃而谈，你会为他们生动的语言和敏捷的应变能力而感到佩服。小荧星艺校开办"播音与主持"专业的主旨是通过一系列系统的学习，培养学生的语言能力、综合应变能力和舞台把控能力，从而使学生在学校的中队主题会、文艺晚会等活动中成为主角，让他们在未来人生大舞台中成为自信的人。

"播音与主持"训练能够不断激发孩子的想象力和创造力，锻炼和培养他们的观察力、理解力、注意力、感受力、适应力和肢体语言的表现力以及形象感、节奏感、幽默感……通过学习和实践，使孩子变得自信、大方，勇于展示自我。这对他们将来踏上社会与人交流、沟通等都会有很大帮助，能让他们在走出家庭、步入社会后从容面对激烈竞争和挑战。

本学年教学目标

经过本学年的学习，孩子们能在舞台上松弛自如的表现自我，并且拥有一定的言语组织能力；说话时思路清晰，语流、语感生动多变，富有真情实感，让观众能有一种情景再现的感觉。同时开始接触节目的主持和编排，做一档属于自己的节目。

主要教学内容

1. 语言基础训练

（1）口腔操

（2）气息练习

（3）词组练习

（4）贯口绕口令练习

2. 艺术语言

带有动态及交流感的儿童诗歌或散文

3. 主持能力

我是小主播相关栏目

4. 即兴能力

注重反应力、想象力及语言组织能力的相关练习

5. 形体训练

体态仪表、身体协调、节奏训练、舞段展示

给家长的建议

孩子在学习播音与主持的过程中，最需要家长的支持。家长可以与孩子互动，帮助他们巩固练习，以培养孩子的兴趣。

1. 营造语言环境

语言是播音与主持学习中最基础的内容之一。良好的语言环境能让孩子更快地说一口标准的普通话。因此，家长在家中要尽量用普通话与孩子沟通，给孩子创造良好的语言环境。

2. 与孩子互动

孩子的进步与家长是分不开的。家长在日常生活中应该多和孩子沟通、交流。这不仅能拉近与孩子的距离，了解孩子的想法，还能培养孩子的语言表达能力。课后，家长可以帮助孩子完成回家作业，也可以和孩子一起学习，比比谁的进步更大，孩子的进步与家长是分不开的。家长还可以和孩子一起看书，带孩子出去旅行等。

3. 贵在坚持

学习播音与主持的道路是很长的，"坚持"非常重要。作为一种综合能力的培养，它需要长时间的积累和训练。有些家长和孩子可能会在学习过程中看不到明显的进步而选择放弃。要知道，学习主持绝不会是速成的，需要生活中点点滴滴的积累。"台上一分钟，台下十年功。"只有保证学习时间，坚持上课，才能取得更大的进步！

《小荧星艺术学校通用教程》编写组

2016年4月

萤火虫的话

第一单元

通过第一学年的学习,
你已经具备一定的即兴语言组织和表达能力了吧。
本学年我们将真正开始接触主持,
使你在舞台上能够独当一面,
主持一档自己的栏目。
你做好准备接受挑战了吗?
跟着萤火虫一起努力吧!

1. 练一练
liàn yi liàn

基础练习

经过上一学年的学习，相信你已经能说上一口比较标准的普通话了。可千万不能沾沾自喜，因为基础训练是需要一直坚持的。本单元开始通过贯口练习巩固和加强气息和咬字，使你时刻保持最佳状态。

贯口练习：

"贯口"顾名思义就是要一气呵成，一贯到底。贯口练习不仅仅只是气息练习。它要求吐字清晰，语言流畅，情绪饱满，语气轻重适当，快而不乱，慢而不断，一气呵成。

跟着萤火虫一起练一练下面这条贯口绕口令吧。

范例：满天星

天上看，满天星；地下看，有个坑；坑里看，有盘冰。坑外长着一老松，松上落着一只鹰，松下坐着一老僧，僧前点着一盏灯，灯前搁着一部经，墙上钉着一根钉，钉上挂着一张弓。说刮风，就刮风，刮得那男女老少难把眼睛睁。刮散了天上的星，刮平了地下的坑，刮化了坑里的冰，刮倒了坑外的松，刮飞了松上的鹰，刮走了松下的僧，刮灭了僧前的灯，刮乱了灯前的经，刮掉了墙上的钉，刮翻了钉上的弓。这就是：星散，坑平，冰化，松倒，鹰飞，僧走，灯灭，经乱，钉掉，弓翻的绕口令。

萤火虫的提示

练习这则贯口要注意气息的把握，气息要深而长，注意文字的逻辑顺序，做到吐字归音干脆利落。

2. 玩一玩

语言、表演游戏

跟着萤火虫一起来玩一玩大家最喜欢的元素游戏吧，这些游戏不仅有意思，还能从中得到锻炼。

范例：反应力游戏《鸡同鸭讲》

平时在课堂上，你一定都能积极地回答老师的提问，可是这个游戏却有所不同。老师提出一个问题，你要赶快动脑筋，回答出完全相反的答案，例如老师提问：太阳是方的吗？你就应该回答：是的。看看谁的回答最快最准确。

萤火虫的提示

这个游戏训练了孩子的反应力和思维能力。

3. 念一念

散文、诗歌朗诵

经过上一学年的学习，已经对语言艺术有了一定的了解。本学年开始，将进一步通过散文、诗歌来学习富有表现力的语言。

范例：

镇定：胜利的影子

遇事不慌，情急不乱，处变不惊，临危不惧。没错，这正是镇定的形象。

面对一条出人意料的消息；一副处于劣势的棋局；一次突如其来的事变；一场敌众我寡的战役；脸不改色心不跳，它的病历卡上绝无"血压升高，出一身冷汗"之类的症状。它冷静地思谋，沉着地应付，最终漂亮地解决问题或打败对手。镇定，永远是胜利的影子。

谁握有镇定，谁就握有镇难石、定心丸。

镇定的父母是理智和冷静，感谢你们生养、培育了这么一个好孩子。

4. <ruby>跳<rt>tiào</rt></ruby> <ruby>一<rt>yi</rt></ruby> <ruby>跳<rt>tiào</rt></ruby>

形体训练

想要成为专业的主持人需要同学们从现在开始进行形体训练，通过活动热身使肌肉得到拉伸，使自己的身心更快地进入学习的准备状态，一起动起来吧。

本单元完成主题动作"踏步""踵步""头部运动""肩部运动""颤膝"。请配合音乐动起来吧。

范例：小组合操《加加油》

萤火虫的提示

活动热身不需要过分强调动作的规范，需要拥有自然且外放的表现状态。

试一试

我是小主播

本学年开始，尝试主持自己的小栏目。主持小栏目需要经过前期编排、准备和资料整理，主持只是最后的一道工序。所以，如果你想主持一档优秀的栏目，需要花很多的工夫，付出很多的努力。

作为一位主持人（主播）需要具备以下几个条件：

（1）端庄大方的外表和亲和力；
（2）清晰流畅的语言表达能力；
（3）有广博的知识；
（4）有现场把控能力；
（5）良好的心理素质。

你是否已经具备这些能力了呢？让我们通过以下的练习来进行训练吧。

范例：栏目《荧星气象站》

第一次做小主播，可以先从模仿开始。多观察电视上的气象主播是怎样主持的，从中吸取经验。

萤火虫的提示

大家一定都看过电视上的天气预报节目，让我们变身成为气象站的小主播，你可以从天气状况、气温、降水、风力、空气质量、穿衣指数等方面详细地为观众朋友们进行介绍。

请老师和家长给予评定，你在本单元的表现可以得到几颗星呢？

萤火虫
的话

DI ER DAN YUAN
第二单元

本单元通过贯口练习加强气息和语言基础的训练。

语言艺术训练方面加深难度，

让孩子们不仅只是背书，

而是朗诵。

经过第一单元，

大家一定喜欢上了做小主播，

本单元继续努力。

1. 练一练
liàn yi liàn

基础练习

在贯口练习中,"找气口"是最主要的技巧之一,"气口"也是缓气的要领。所以在练习贯口前,先找好"气口",这样才能做到"一气呵成"。

萤火虫的提示

同学们,在练习之前别忘了先标注"气口",用符号"ˇ"表示。

范例:十道黑

一道黑,两道黑,ˇ三四五六七道黑,ˇ八道九道十道黑。我买了一个烟袋乌木杆儿,我是掐着它的两头一道黑。ˇ二兄弟描眉来演戏,ˇ瞧着他的镜子两道黑。ˇ粉皮墙上写川字,ˇ横瞧竖瞧三道黑。ˇ象牙桌子乌木腿儿,把它放在那个炕上四道黑。ˇ我买了一只母鸡不下蛋,把它搁在那个笼子里捂到黑。ˇ挺好的骡子不吃草,把它牵着在那个街上溜到黑。ˇ买了一头小驴儿不套磨,让它背上它的鞍鞯骑到黑。ˇ二姑娘南洼去割菜,ˇ丢了它的镰刀拔到黑。满月的小孩儿得了病,ˇ团了几个艾球灸到黑。卖瓜子儿的打瞌睡,ˇ哗啦啦撒了这么一大堆,他的扫帚簸箕不凑手,那么一个儿一个儿拾ˇ到黑。

萤火虫的提示

以后的贯口练习要学会标记正确的"气口"。

2. 玩一玩
wán yi wán

语言、表演游戏

范例：《水果的自我介绍》

选择自己最喜欢的水果，对其进行拟人化演示，以"我是什么水果"为第一人称把"自己"介绍给大家，抓住内部和外部特征进行描述，并配上相应的肢体动作。

萤火虫的提示

此项练习可以进一步加强孩子的语言组织能力，提高即兴表达能力。

3. 念一念

散文、诗歌朗诵

在朗诵散文和诗歌时，请先理解文章的大意和作者写作用意，这样才能用最恰当的情绪去朗诵，做到完美呈现。

范例：宽容

宽容，得有大海一样的胸怀。宽容，意味着具有雍容豁达的气度，不计较，不追究……

当一个人为究竟要不要宽恕对方而苦恼时，他的心正经受一回煎熬，一场考验。难怪一个人宽容了一次，就成熟了一分。

宽容，它不叫别人流血而自己流血。宽容，无异于亮出真善美的旗号招纳另一颗或几颗损伤过自己的心，这是一次心灵上的招兵买马。它跟屈膝投降、软弱可欺和无原则的迁就，是两股道上跑的车。

宽容只要用得是地方，准能起到百川归海的作用。好些人的失误与吃亏就在于他们未学会宽容。

宽容是很难的，唯其难，在人生的天平上才显示出分量。

放宽肚量，容纳世界吧！

4. 跳一跳
tiào yi tiào

形体训练

本单元以"头部的隔离"、"肩部的隔离"为主要训练目的。做头部或肩部的隔离时,其他部位应保持不动,动作要有爆发力。

范例:小组合操《快乐成长》

萤火虫的提示

"隔离"是指身体的某个关节部位在原有的位置上发生运动后再还原,就像出门后回家一样。如:低头后还原。目的是让关节和身体灵活起来,它是跳好流行舞的基础。

试一试
shì yi shì

我是小主播

上一单元第一次尝试当小主播，感觉如何？相信大家都有自己的想法，想要学习和尝试更多的节目形式。别着急，本单元我们来到了"荧星娱乐播报"栏目，一起做一回娱乐主播吧。

范例：栏目《荧星娱乐播报》

萤火虫的提示

本栏目可以介绍近期娱乐新闻资讯，注意语言内部基本变化和外部技巧的结合。控制好语速变化风格要欢快活泼。

请老师和家长给予评定，
你在本单元的表现可以得到几颗星呢？

萤火虫的话

第三单元
DI SAN DAN YUAN

本单元的学习会加深难度，

基础练习部分继续以贯口练习为主，

试一试环节将挑战做一回校园新闻小主播。

相信你们已经做好了准备，

一起努力吧。

1. 练一练

基础练习

贯口练习中节奏感是非常重要的，特别是速度快的段落，没有节奏感会容易乱。此时语言的功底就要从发音、吐字是否清晰与准确中体现出来。接下来，跟着萤火虫练一练下面这段贯口吧。

范例：《踢球》

踢球，可以分为定位球、滚动球和空中球。踢球可以用脚尖、脚背、脚内侧，也可以用脚跟、脚底、脚外侧。除了用脚踢，还可以用头顶，可以跳起来顶，也可以不跳起来顶。顶球可以用头前、头后、头左、头右和头中。顶球不仅要把球顶出去，而且要能控制球的方向，要它到哪里，它就到哪里。此外，还要练停球，停球有完全停球和不完全停球。停球可以用脚尖、脚背、脚内侧，也可以用脚跟、脚底、脚外侧。头部停球可以用头前、头后、头左、头右和头中。这些基本功练好了，就要练战术。战术有个人战术，有集体战术。个人战术有选择位置，运球、过人、射门、抢球和假动作。假动作又可以用脚跟、脚底、脚外侧。头部假动作又可以用头前、头后、头左、头右和头中。足球这玩意儿，深奥的很，一辈子也学不完。

萤火虫的提示

练习这则经典的贯口，首先要默读两遍，找准停连的位置和"气口"再由慢及快的进行练习，同样也要注意节奏感的把握。

2. 玩一玩
_{wán yi wán}

语言、表演游戏

范例：游戏《拷贝不走样》

萤火虫的提示

十个孩子为一组，老师告诉第一个孩子一句话，让孩子依次传递给下一位，最后的那位需大声说出来。要求一字不差，传递过程中不能让其他人听到。

3. 念一念

散文、诗歌朗诵

语言艺术的魅力在于能促使人的情感抒发。朗诵优美的散文与诗歌，能使情、声、气三者更好的结合。坚持练习，会让孩子对语言艺术有独特的理解。

范例：困难

也许你在工作里、生活里都遇到过困难……

在我的心里，困难就和胜利站在一起，困难是一条河，胜利就是河那边的山。过了河，就上了山。不要只看见河，就看不见山；也不要只看见山，却看不见困难。

困难总是躲在你的前面，试试你的耐心，试试你的勇气和力量。你慢慢儿会发现困难喜欢交朋友。一个小困难它会介绍你认识一个大困难。如果你始终也不躲开它们，那它们就会给你越来越多的知识和胆量，直到最后它们才给你让开路，把你送走。

如果你高兴，你还可以回过头来，看看这些困难朋友。向困难伸过手去吧！在生活里这是你最好的朋友。

——选自《朗诵水平等级考试纲要》

4. 跳一跳
tiào yi tiào

形体训练

本单元将学习新的舞蹈动作——滑步，一侧腿向旁或向前迈步，另一侧腿滑动。滑步时，做"滑动"的腿，脚尖始终不离开地面，脚尖在地板上划一条直线。

做动作时，胯要保持平稳，不要随意晃动。一起来试试吧。

范例：《滑步训练》

萤火虫的提示

你知道怎样能帮助自己把"滑"的感觉表现得更贴切吗？尝试加个"音效"吧。如：滑步的同时喊一声"哇欧！"你，滑起来了么？

请老师和家长给予评定,
你在本单元的表现可以得到几颗星呢?

shì yi shì试一试

我是小主播

经过两个单元的学习和训练,相信你对如何掌握一档栏目的播报已经越来越纯熟了,萤火虫决定给大家安排更艰巨的任务,本单元一起挑战做一回新闻小主播,先从校园新闻开始,快快行动吧。

范例:栏目《校园新闻站》

萤火虫的提示

校园新闻资讯播报,要求语言风格轻快、明亮,要与严肃的时政新闻播报有区别。让萤火虫给你们做个开场白的示范吧。

"各位观众们早上好!我是'校园新闻站'的小主播,今天给大家带来的校园新闻有……"

 萤火虫的话

第四单元

本单元的练一练环节将学习一则难度较大的贯口，以检验平时口腔训练的成果；语言艺术部分的朗诵需要时刻记住情感的拿捏，根据不同作品做相应的处理。与萤火虫一起接受新的挑战吧。

1. 练一练
liàn yi liàn

基础练习

时常复习前几个单元的贯口练习，养成良好的复习习惯。这些基础练习可以为朗诵、播报和主持打下更好的基础，播音与主持能力的提升需要日复一日的坚持和练习。

例：报菜名

蒸羊羔、蒸熊掌、蒸鹿尾儿、烧花鸭、烧子鹅、炉猪、炉鸭、酱鸡、腊肉、松花、小肚儿、晾肉、香肠儿、什锦苏盘儿、熏鸡、白肚儿、清蒸八宝猪、江米酿鸭子、罐儿焖鸡、罐儿焖鸭、山鸡、兔脯儿、菜蟒、银鱼、清蒸哈什蚂；

烩鸭丝、烩鸭腰、烩鸭条、清拌鸭丝儿、焖黄鳝、焖白鳝；豆豉鲇鱼、锅烧鲤鱼、清蒸甲鱼、抓炒鲤鱼、抓炒面鱼、软炸鸭腰、软炸鸡、炸白虾、炝青虾、炸面鱼、炝竹笋、汆银鱼、溜黄菜、芙蓉燕菜；炒虾仁、烩虾仁、烩银丝、烩海参、烩鸽蛋、炒蹄筋；蒸南瓜、酿冬瓜、炒丝瓜、酿倭瓜、焖鸡掌、焖鸭掌；熘鲜蘑，熘鱼肚儿、熘鱼骨儿、醋溜鱼片、三鲜苜蓿肠、红丸子、白丸子、南煎丸子、干炸丸子、酥造丸子、三鲜丸子、四喜丸子、葱花丸子、豆腐丸子；一品肉、马牙肉、红焖肉、白片肉、樱桃肉、米粉肉、坛子肉；炖肉、大肉、松肉、烤肉、酱肉、酱豆腐肉；烧羊肉、烤羊肉、涮羊肉、五香羊肉、煨羊肉；汆三样儿、爆三样儿、清炒三样儿、烩虾子儿、溜白杂碎、三鲜鱼翅、栗子鸡、煎汆活鲤鱼、板鸭、筒子鸡。

2. 玩一玩
wán yi wán

语言、表演游戏

例：《动物们的自我介绍》

选择自己最喜欢的小动物，对其进行拟人化演示，以"我是什么动物"为第一人称把"自己"介绍给大家，小动物的生活习性、特殊本领等都需要用语言配合肢体动作表现出来，难度比水果的自我介绍大。

萤火虫的提示

将动物转化为第一人称，要求完全掌握语言声音基本功并学会运用。

3. 念一念

散文、诗歌朗诵

相信通过前几单元的学习，大家对散文、诗歌的朗诵有了一定的心得和体会。朗诵不仅仅是语言的艺术，同时也要配合表情和适当的动作。请面带微笑的朗诵下面这篇散文吧。

范例：
微笑
杨钧炜

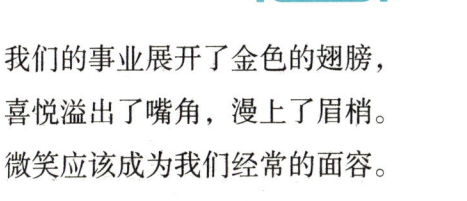

微笑是心灵上无声的问好，
微笑是淡雅友爱的花苞。
它是像蓝天一样宁静的小诗，
它是试探性的信任和礼貌。

不要只在上级面前才把微笑慷慨馈赠，
不要见到关系户才咧开嘴角，
不要为了谋求私利去廉价拍卖，
不要为了失望和惆怅就把它扔进了地窖。

在繁忙的柜台，在拥挤的车厢，
在摩肩接踵的人行道，
越是火星儿容易燃爆的地方，
越是需要有微笑。

我们的事业展开了金色的翅膀，
喜悦溢出了嘴角，漫上了眉梢。
微笑应该成为我们经常的面容。
微笑应成为我们共同遵守的一个信条。

朋友们，微笑吧！微笑是沉静的美；
朋友们，微笑吧！微笑是文明的桥。
让全世界都投来惊喜和羡慕，
在中国，到处都充满着微笑！

选自《朗诵水平等级考试纲要》

tiào yi tiào
4. 跳一跳

形体训练

律动是指"有节奏的跳动",它能够帮助肢体更好地和音乐节奏融合在一起,使动作富有表现力,好像全身细胞都在跳动。本单元的律动训练以膝盖的律动为主。

范例:音乐《I Want You Back》

萤火虫的提示

这段舞蹈练习节奏感较强,同学们可以先将动作分解练习。

请老师和家长给予评定，
你在本单元的表现可以得到几颗星呢？

shì yi shì试一试

我是小主播

　　本单元，新闻小主播的视线将从关注校园新闻转向社会民生新闻，将自己身边发生的，或是从电视、报纸、网上搜集到的新闻整理播报出来，内容可以是近期的社会新闻热点、社区民生新闻以及同学们感兴趣的话题等。

范例：栏目《荧星直播间》

萤火虫的提示

　　不要心急，好好复习前几个单元训练过的内容，只有打好地基，才能高楼耸立。

第五单元
DI WU DAN YUAN

本单元基础部分将新增普通话声调的练习，
这对于语言表达来说是非常重要的；
在语言艺术的学习上将加深难度，
不但要在吐字归音上严格要求自己，
更要突出情感的表达。

1. liàn yi liàn
练 一 练

基础练习

经过之前的学习，你已经能做到准确、清晰地吐字发音。本单元萤火虫将带领大家学习普通话的基本功之一：声调练习。让我们一起大声的练习普通话的四种声调吧。

萤火虫的提示

普通话语音里，声调有四个。阴平是第一声，阳平是第二声，上声是第三声，去声是第四声，统称四声，也就是普通话里的四个调类。它采用一种五度标记法，作为标调符号来描写音节的声调，就像楼层的编号一样，它们的调值分别为：55（阴平）、35（阳平）、214（上声）、51（去声）。

调值——"五度标记法"

声调、调类：阴平—高平调—55

阳平—高声调—35

上声—降声调—214

去声—全降调—51

按阴阳上去的顺序念语句（上声按变调念半上）

中华有志　坚持改进　中华伟大　千锤百炼　光明磊落　花红柳绿

按去上阳阴的顺序念语句（上声按变调念半上）

破釜沉舟　调虎离山　弄巧成拙　信以为真　妙手回春　异口同声

声调训练绕口令

（1）语言学家来预言，要大摆鱼宴讲预言，言中有言留余言，无须宴前来预演。

（2）飒飒西风满院栽，蕊寒香冷蝶难来，他年我若为青帝，报与桃花一处开。

（3）姥姥喝酪，酪落，姥姥捞酪；舅舅驾鸠，鸠飞，舅舅揪鸠；妈妈骑马，马慢，妈妈骂马；妞妞轰牛，牛拧，妞妞拧牛。

（4）黄猫毛短戴长毛帽，花猫毛长戴短毛帽，不知是短毛猫的长毛帽比长毛猫的短毛帽好，还是长毛猫的短毛帽比短毛猫的长毛帽好。

 **萤火虫的提示**

声调练习先从词语开始，再配合绕口令和古诗句练习，要注意每个字音调值发音到位。

2. 玩一玩
wán yi wán

语言、表演游戏

范例：想象力说话游戏《自说自画》

轮流合作画一幅画，每人只能画一笔，然后依次添加。最后根据完成的这幅画一起来讲述一个有趣的故事，看看孩子的想象力有多么的丰富，如同一位小小漫画家。

萤火虫的提示

这个游戏不但能锻炼孩子的说话能力和即兴表达能力，还能够锻炼孩子的想象力。

3. 念一念

散文、诗歌朗诵

诗歌朗诵要求孩子有视像感,熟读文章后,用自己的理解来处理情感,在脑海里描绘出一幅图画,闭上眼睛感受一下。

范例:

如果
如果你是一朵浪花,
那你只能随波逐流,
任凭风儿牵着你的手。

如果你是一个回声,
那你只能乞求别人施舍,
而自己一无所有。

如果你是一只风筝,
任你飞得再高也总有一个尽头,
因为生活紧攥在别人手中。

不要做浪花,
你应是你自己的主宰和舵手;
不要做回声,
你应用自己的声音去震撼宇宙;
不要做风筝,
挣脱锁链去拥抱自由,
飞得更高更远,
把整个世界看个够。

萤火虫的提示

在朗诵《如果》时,要推进朗诵节奏和情感,使听众们受到鼓舞,为"自由"而战。

4. 跳一跳

形体训练

本单元我们将进行上部肢体动作的学习。做动作时要有伸展的意识,由肩、大臂、小臂、指尖往远延伸。手臂肌肉保持控制力,推手臂时,大臂不动,小臂要有爆发力向上或向旁推拍。准备好了吗,和萤火虫一起来试试吧!

范例:小组合操《Lemon Tree》

萤火虫的提示

伸展是爵士舞的肢体表现形式之一,它主要表现在动作的无限延伸,使肢体看上去修长无比,好像太阳光,可以照得很远。本单元的手臂伸展动作包含了推、提、展、压4个动作。

<ruby>试一试<rt>shì yi shì</rt></ruby>

我是小主播

本单元开始将尝试主持电视专题栏目。与新闻播报不同的是，专题栏目主持人的应变能力、语言表达及镜头前的状态是自然且放松的。看似简单，却对主持人整体要求更为严格。

范例：栏目《荧星旅行者》

萤火虫的提示

主持旅游栏目应该保持轻松愉快，松弛自然的状态。能带领观众们身临其境地体验风光旖旎的世界美景，品尝各类美食，了解当地有趣好玩的风俗习惯。在准备这档栏目时，可以选择自己喜欢或者去过的城市、景区制作成一期节目，可以突出当地的某一特色作为专题进行详细介绍。例如：饮食习惯、居住特色、出行方式等。

请老师和家长给予评定，
你在本单元的表现可以得到几颗星呢？

萤火虫的话

第六单元
DI LIU DAN YUAN

本单元将学习普通话中语音的变调，
结合上一单元的声调练习进行复习巩固。
基本功练习会有些枯燥乏味，
相信大家一定能克服困难；
试一试环节将接触美食节目。
是不是心动不已了呢，
和萤火虫一起开启本单元的学习。

1. 练一练
lià n yi lià n

基础练习

变调是指声调变化，除轻声之外，比较显著的还有"一"与"不"的变调，仔细辨读这几种情况，熟记变调口诀，一定会轻松掌握！

"一"的变调

（1）单用在词尾、句尾或跟着其他个位数字念原声调，阴平

第一　统一　一九七一　传说不一　五一

（2）在阴平、阳平、上升前念去声

一张　一条　一本　一天

（3）在去声前念阳平

一页　一部　一对　一副

"不"的变调

（1）单用在阴平、阳平、上声前念原声调，去声

不　我不　不多　不行　不少

（2）去声前念阳平

不去　不错　不要

"一""不"变调口诀

"一""不"两字要变调，变调口诀要记牢。去声字前读二声，非去声（字）前读去声。

句尾、单念读原声，夹在中间读轻声。

萤火虫的提示

几种变调要区分开，掌握了变调口诀后，多对文章中的相关语句加以阅读并巩固。

2. 玩一玩
wán yi wán

语言、表演游戏

范例:观察力游戏《找找不同处》

老师挑选一人,先让大家仔仔细细观察他(她),从发型、身体特征到表情,然后老师将他(她)悄悄地做三个小改变,其他人不能偷看,做好改变后,再让大家观察,找出他(她)身上改变前与改变后的不同之处。

萤火虫的提示

这个游戏主要训练孩子的观察力。要求孩子细心观察,强化短期记忆力。

3. 念一念

散文、诗歌朗诵

朗诵诗歌要用心体会意境，一起来朗诵下面这首诗，并从中感受真诚博大的情怀和坚强乐观的思想情绪，静下心来品味语言艺术的魅力。

范例：
假如生活欺骗了你
［俄］普希金

假如生活欺骗了你，
不要悲伤，不要心急！
忧郁的日子里须要镇静：
相信吧，快乐的日子即将来临。
心永远憧憬着未来；
现在却常是忧郁。
一切都是瞬息，一切都会过去；
而那过去了的，就会成为亲切的怀恋。

——选自《朗诵水平等级考试纲要》

4. 跳一跳
tiào yi tiào

形体训练

本单元的形体训练以"机器人"为主题加以元素动作——波浪的训练。组合以分解动作、摆 POSE 为主要构成，需要肌肉的控制力已达到"脆"的质感。

范例：小组合操《机器娃娃》

萤火虫的提示

波浪的意思，指相邻的关节呈波浪状，依次连续性的运动。如手臂的波浪即肩关节完成动作后需还原，然后肘关节才能开始运动。所以做波浪时要让你的关节"排好队"哟！

请老师和家长给予评定,
你在本单元的表现可以得到几颗星呢?

^{shì yi shì}
试一试

我是小主播

本单元将进入美食栏目的主持学习,你将变身进入演播室向电视机前的观众们介绍各种美食的做法,可以是一道可口菜肴,人气甜品,也可以根据特殊节日制作一期相关的美食节目。发挥自己的想象力,相信你们会做得很棒!

范例:栏目《荧星美食坊》

萤火虫的提示

主持美食栏目要注意语言风格的把握,轻快、明亮、状态放松,要富有亲和力。

第七单元
DI QI DAN YUAN

本单元将学习普通话的音变，
常见语气词"啊"的几种变化需要熟练掌握；
语言艺术的学习将继续以散文、
诗歌朗诵呈现，
相信大家现在已经能独立赏析作品并且能用自己的理解去用心、
用情地表现作品，
和萤火虫一起开始本单元的快乐学习之旅吧。

1. 练一练
_{liàn yi liàn}

基础练习

"啊"出现在句末作为语气词时,由于受前一音节中最后一个音素的影响,产生了连音现象,发生了六种变化。仔细辨读,结合相关联的语句练习加以巩固。掌握了音变,你的普通话发音就更加标准了。

a o e i ü 后读 ya(呀)
拉啊　说啊　喝啊　写啊　来啊　去啊

ou 或 ao　iao 韵母后读 wa(哇)
走啊　好啊　跳啊

韵尾 n 读 na(哪)
转啊　念啊　难啊

韵尾 ng 后读 nga
唱啊　行啊　想啊

舌尖前元音 i 及卷舌音 er 后读 ra
同志啊　快点儿啊

舌尖前元音 i 后读 za
写字啊　几次啊　别撕啊

"啊"的音变训练

(1) 这又怪又丑的石头,原来是天上的啊!

(2) 家乡的桥啊,是我梦中的桥!

(3) 漓江的水真静啊,……漓江的水真清啊,……漓江的水真绿啊……,桂林的山真奇啊,……桂林的山真秀啊,……桂林的山真险啊。

(4) 儿时的朋友啊,海波啊,山影啊,灿烂的晚霞啊,悲壮的喇叭啊,我们如今是疏远了吗?

萤火虫的提示

"啊"的音变练习比较复杂,需要静下心来慢慢揣摩,每天坚持训练一定会熟练掌握。

2. 玩一玩
wán yi wán

语言、表演游戏

范例：《谁是卧底》

8人为一组，其中7人（平民）拿到同一词语，剩下1人（卧底）拿到与之相关的另一词语。这时平民与卧底都不知道互相的身份，每人用一句话描述自己拿到的词语，不要太过明显，既不能让卧底察觉，也要给同伴暗示。每轮描述完毕，所有在场的人投票选出怀疑的卧底人选，得票最多的人出局。如果卧底出局，游戏结束。若如果没有出局，游戏继续。如果有两人得票相同，进入PK环节，大家从两人中间再选出一人确认是否为卧底。

萤火虫的提示

两个词不能互相包含，例如家具和桌子。给出的两个词词性要相同，同为动词、名词或形容词。

3. 念一念

散文、诗歌朗诵

本单元的这首诗歌，语言朴素，风格清晰，要求在了解诗歌背景后，脑海里描绘一幅图画，以声带情，优美地进行朗诵。

范例：
燕子
雷抒雁

如果是一只鸟，
你愿意是喜鹊，还是杜鹃？
不，我愿意是一只燕子，
飞翔在广阔而自由的空间；
衔着柳丝，衔着花瓣，衔着雨滴，
衔着万花竞妍的春天。

假如是一只燕子，
我就把巢筑在农舍简陋的屋檐。
一口泥，一口水，一根草，
编织一个向往，编织一片温暖。

从社员头上飞过，
我会提醒他们播种的时间；
从孩子们身边飞过，

我会把他们的童心牵到天边；
飞旋在演员面前，
他们会得到歌唱和舞蹈的灵感。

春天里有阴风，有冷雨，
有痛苦，也有孤单；
可是，我不胆怯，
也不会悲观。
我们是欢乐的一群，
是春之精灵，是黑色的闪电，
将和命运死死地搏斗在云端！
我愿意是一只燕子，
我向往广阔而自由的空间！

选自《朗诵水平等级考试纲要》

tiào yi tiào

4. 跳一跳

形体训练

本单元将进行步伐练习，前追步要做到上步和下落时都要经过前脚掌，要有后脚"追"前脚的感觉。

萤火虫的提示

老师们要选择适合的音乐配合步伐练习，以节奏欢快、孩子们喜爱的音乐为主。

请老师和家长给予评定,
你在本单元的表现可以得到几颗星呢?

shì yi shì试一试

我是小主播

上一单元担任了美食栏目的小主播们是不是还沉浸在美食的诱惑里呢?书籍是人类进步的阶梯,是人类最好的朋友。本单元我们将学习担任读书类节目主持人,介绍一本你喜欢的书,或是当下销售排行榜的热门书给观众,与大家分享知识的力量。

范例:栏目《荧星读书汇》

萤火虫的提示

主持读书类节目要注意状态的轻松,语速不要太快,要娓娓道来,萤火虫会这样做节目的开场:

"各位观众大家好!我是你们的好朋友萤火虫,欢迎来到今天的'荧星读书汇'。今天会给大家带来什么样的书呢?不要着急,让我们一起翻开它……"

萤火虫的话

第八单元

本单元的语言基础练习以复习为主，

要结合前几个单元的内容进行对比练习以达到熟练。

试一试环节将带领同学们尝试综合类节目的主持，

把前几单元不同类型的栏目融入在一档节目中，

这就对节目的完整性、

语言的连贯性要求更高，

难度也会加深，

相信大家一定能有完美的表现，

一起加油吧。

1. 练一练
liàn yi liàn

基础练习

复习本学年所学过的基础练习，把这些练习融会贯通，才能运用在日常的语言表达中。

复习

贯口练习；

调值：阴阳上去；

"一"、"不"、"啊"的变调；

2. 玩一玩
wán yi wán

语言、表演游戏

范例：《家具的自我介绍》

选择一件家具对其进行拟人化演示，以"我是什么家具"为第一人称，把"自己"介绍给大家，突出表现家具的特殊功能及对人们的生活有什么帮助，请配合自己的形体动作进行展示。

萤火虫的提示

此项练习对同学们的语言组织能力有更高的要求，练习前要先在脑海里构思好描述的步骤，做到心中有数。

3. 念一念

散文、诗歌朗诵

语言艺术的练习是最富有变化的，也是最有趣的。成千上万的诗歌作品要求人们要有千百种不同的情感进行抒发。本单元让我们一起来欣赏一首俄国著名诗人普希金的经典作品，屏住呼吸，一起感受大自然的魅力。

范例：
小花
［俄国］普希金

在书中我发现一朵小花，
它早已干枯，失去花芳；
于是我心中得以启发，
产生了各种奇怪的想象。

它开在何处？哪一年春天？
它开了多久？谁把它摘下？
是朋友的手指？旁人的刀剪？
夹在这里又为了什么？

是为了纪念温情的会晤？

还是为了命定的离别？
或者只是孤独的漫步。
在凉爽的林荫，寂静的田野？

他可还活着？她是否健在？
如今他们在什么地方？
也许他们也早已枯萎，
像这朵神秘的小花一样。

——选自《朗诵水平等级考试纲要》

4. 跳一跳

tiào yi tiào

形体训练

本单元要求老师选择当下最流行的音乐将前面所学的所有舞蹈动作融合在一起，编排一个全新的舞蹈，孩子能够熟练地进行表演并做到动作规范，肢体与面部均有表现力。

萤火虫的提示

要能够带着愉快放松的心情表演，注意队形的流动及与同伴的配合。

试一试

我是小主播

本学期我们学习了那么多不同类型的栏目主持。大家是否对主持节目产生了浓厚的兴趣并拥有自信了呢？本单元让我们做一个总结，把这些不同种类的小栏目串联起来，成为一档完整的、丰富的、有各种不同板块的综合性节目。除了节目主持人外，在每一个板块中都可以由不同的小主持人完成。最后把这档节目连贯地呈现在大家面前。

范例：栏目《荧星梦工厂》

萤火虫的提示

因为有各种不同的板块，所以最后串联起来大家一定要注意不要太生硬，串联词也要能够承上启下。在做节目之前先要列一个大纲，这样才能游刃有余的主持栏目。

节目大纲范例：

（1）"荧星资讯"版块：说一说最近学校里发生的新闻；

（2）"荧星小百科"版块：介绍生活中的小技巧；

（3）"明星教师"版块：介绍一位优秀的教师；

（4）"荧星记者站"版块：分享最近孩子们之间流行的话题；

……

请老师和家长给予评定，你在本单元的表现可以得到几颗星呢？

同学们，一眨眼我们完成了第二学年的学习。对于本学年你所获得的进步，你会给自己几颗星呢？

萤火虫为你们的成长而感到高兴！你的爸爸妈妈是否也在为你取得的进步而感到骄傲呢？和大家一起来分享你在这一学年的体会吧！

后记

当写完这本书最后一个字时,我的心有一种如释重负的感觉。因为这不仅仅是一本教程,更是凝聚了太多人的心血及小荧星三十多年来无数前辈的教学积累。

比起第一册,这一册在撰写时得心应手了许多。在这一册的写作过程中,没有像在编写第一册时那样紧张、惶恐,而是游刃有余了许多。不过对于一本少儿播音与主持教材,既要童趣盎然,又要不失专业性,就没那么简单了。

纵观现在的少儿艺术教育图书市场,有的是语言表演之类的教材,几乎没有少儿主持专业的书。而专业性的少儿主持教材更是少之又少。这更使我感到身上担子的重量及使命感,也是我前进的动力,让我更想完成这套教材。

这套教程能问世,全靠着我身边那些热爱少年儿童主持教育事业的小荧星一线教学同仁们的支持。我要大声地感谢我的良师益友邹晟老师、陈为群老师、雷国芬老师、陈晓晨老师、韩冰老师、孙庚老师;还有小荧星主持专业的所有老师给我的帮助。是你们支持着我完成了这本教程的编写工作。当然,还要感谢上海科学技术文献出版社的领导和编辑们,是你们的精益求精,让这本教程能成功的出版。感谢这套教程音频、视频中的孩子们,是你们的完美演绎,使这套教程充满了活力。教程中的故事、散文、诗歌等素材使用了上课常用的文章,由于联系不畅,请拥有该版权的作者看到本书后及时与我们联系,以便支付稿酬及更改署名。

孩子是祖国的花朵,是祖国的未来。我自豪,我为少年儿童艺术教育事业尽了一份力。同时,我也感觉到身上重担。我会继续努力,也希望继续得到大家的支持。

张家雄

2016 年 10 月

星 星 墙

第一单元

第二单元

第三单元

第四单元

第五单元

第六单元

第七单元

第八单元